PÉTITION

A LA

CONVENTION NATIONALE;

Relative aux Décrets sur les Successions.

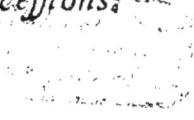

A ROUEN;

De l'imprimerie de Vᵉ Laurent Dumesnil
& Montier, rue neuve S. Lo, n° 6.

1793.

PÉTITION

Relative aux Décrets fur les Succeffions.

A LA CONVENTION NATIONALE

Expose PIERRE DUVRAC, *Cultivateur, Maître de Pofte à la Mailleraye, Diftrict de Pont-Audemer, Département de l'Eure.*

CITOYENS LÉGISLATEURS,

LA Loi du 15 Avril 1791, fur le partage des fucceffions, étoit déparée par un article inconfidéré. Vous le fupprimâtes le 4 du mois dernier, en aboliffant des exceptions que l'habitude avoit fuggérées, plutôt qu'elles n'avoient été dictées par la juftice.

Je rends hommage à la fageffe d'un Décret que je défirois depuis long-temps, & que j'étois à la veille de folliciter, lorfque j'appris que vous l'aviez rendu.

A

Mais j'ai penfé qu'il ne fuffifoit pas encore, tel qu'il eft , & je fais que , dans quelques endroits de la France , l'efprit de chicane & la cupidité , combinant d'avance le texte de la Loi avec les Coutumes des lieux , fe préparent à l'interpréter felon les circonftances , & fe promettent déjà de très-grands fuccès de leurs efforts à l'obfcurcir.

Il faut convenir auffi que , dans quelques-unes de nos ci-devant Provinces , les Coutumes qui les régiffoient n'étant point encore tout-à-fait abolies , leurs difpofitions arbitraires doivent fouvent entraver la marche des nouvelles Loix.

Certes elles doivent les arrêter , d'autant plus que celles-ci font calquées fur le droit commun & la juftice éternelle.

Par exemple , dans les Départements de l'ancienne province de Normandie , où les filles recevoient en fe mariant toute leur légitime , & ne confervoient aucun droit aux fucceffions futures , ceux qui foutiennent que par vos Décrets relatifs au partage des fucceffions les filles mariées antérieurement à ces Loix nouvelles peuvent revenir demander partage dans les fucceffions directes , nonobftant les conventions contractuelles ftipulées par leurs contrats de mariage qui les en excluent ; soutient de plus que ces mêmes filles ne sont point obligées à encourir les risques de la succession , & qu'elles peuvent y renoncer sans perdre ce qu'elles avoient reçu. D'autres prétendent , au contraire , qu'ayant contracté légitimement sous une Loi alors existante, elles ne peuvent être admises au partage d'une succession dont elles avoient été exclues.

C'est sur cette contrariété d'opinions que je viens solliciter de vous , Citoyens Législateurs , une interprétation qui fixe d'une maniere claire & irrévocable nos idées flottantes sur cette matiere , d'autant plus que par votre dernier Décret du 4 Janvier vous laissez la question indécise.

Citoyens , cette demande , qui est de la plus grande justice , fixera sans doute votre attention ; & vos moments , qui sont d'un trop grand prix , ne me permettant point de lui donner les développements qu'elle exigeroit peut-être , je les ai consignés dans un Mémoire que je vous demande la permission de déposer sur le bureau.

Ce sont des raisonnements tout simples , tels qu'en fait faire un pere de famille , an-

cien Cultivateur , qui ne connoît au monde
que ses devoirs de Citoyen & sa tendresse
pour ses enfants ; qui n'a rien appris d'aucun Maître , & qui n'a reçu d'autre instruc-
tion que celle de la nature , sous l'influence
d'un sens droit & juste , à l'aide d'un ca-
ractere actif & laborieux.

En un mot , j'ai vu avec peine les insuffi-
sances de la Loi ; ses torts m'ont choqué ,
je n'ai pu souffrir ses oublis , & je suis venu
franchement m'en plaindre devant ses organes légitimes , afin qu'ils réparent toutes ces
fautes & qu'ils ajoutent un nouveau trophée
au triomphe de l'égalité.

Signe D U V R A C.

MÉMOIRE

Contenant les motifs de la Pétition ci-deſſus, préſentée à la barre de la Convention Nationale de France.

LES inexactitudes qu'on a droit de re-procher au Décret du 15 Avril 1791, ſur le partage des ſucceſſions, ont peut-être pour une de leurs cauſes les interruptions que ſouf-frit la diſcuſſion de cette Loi. Elle fut ébau-chée au mois de Mars 1790, & l'Aſſemblée Conſtituante, qui eſſaya dès-lors le niveau de l'égalité dans le partage des débris féodaux, mit un an d'intervalle entre ce premier travail & le complément qu'elle en fit en Avril 1791.

En général, c'eſt une ſource d'inadver-tances, d'oublis & de contradictions que de revenir à diverſes repriſes ſur la même Loi, & de la faire, pour ainſi dire, à bâton rom-pu (1) : les idées ſe lient moins, la rédaction

_____

(1) J'ai oui dire, au contraire, que ces délais ſer-voient à produire de nouveaux éclairciſſements ſur la queſtion, à fixer les idées, &c... Ne ſerviroient-ils point auſſi à élever des nuages, à aiguiſer les intérêts

n'a plus l'ordre & l'enchaînement du premier
projet, & jamais on ne donne à diverses pie-
ces ajuftées l'enfemble & l'harmonie que le
tout auroit eu s'il avoit été fondu d'un feul
jet. (1)

Le temps découvre ces défectuofités par
l'application que les événements donnent lieu
d'y faire de la Loi. Les cas imprévus & les
nuances variées de mille autres qui ne l'a-
voient été qu'en gros, attirent fur la Loi le
reproche d'imprévoyance & de légéreté.

L'obfcurité de quelques expreffions, qu'un
Rapporteur, plein de fon fujet, emploie de
confiance, & qu'il fait adopter, fans récla-
mation, à la fuite d'un long rapport, empê-
che de comprendre l'équivoque de quelques-
autres auxquelles il fe fie, fans fcrupule & de
bonne foi ; mais que la cupidité & la chicane
favent bien autrement expliquer : enfin des

---

particuliers, former des partis, à travailler l'opinion,
à combiner des réfiftances, &c. &c.

(1). Voyez la révifion de la Conftitution en 1791.
Voyez encore les premiers Décrets de la Légiflature,
fur les Prêtres & les Emigrés. Voyez même la Loi de
cette Affemblée, fur le mode pour conftater l'état
civil des Citoyens ; voyez-en enfin beaucoup d'autres.

contradictions, des doubles emplois, des oublis & bien d'autres imperfections que chaque jour fait paroître dans ces Loix , font une preuve des torts que font à la rédaction les délais , les interruptions & les reprifes. (1)

Au refte , ces inconvénients ne feroient d'une grande conféquence qu'autant qu'il feroit difficile d'y apporter remede , & l'un des plus grands avantages de notre régime repréfentatif eft certainement d'avoir le Temple des Loix toujours ouvert, & l'oracle permanent de la volonté générale.

Je le mets à profit relativement au Décret du 4 Janvier , & je demande à la Convention une interprétation de ce Décret, afin d'ôter tout efpoir à la chicane, afin de mettre la Loi à l'abri de la plaidoierie , & afin de fauver aux Juges les embarras de l'indécifion.

C'eft, en effet , un grand malheur, à mon avis, lorfqu'un Tribunal eft obligé , pour

_____

(1) D'autres ajoutent les caufes qui fuivent ; favoir , l'âprêté des débats , le tumulte au fein duquel on voit fouvent éclore une Loi ; la précipitation , qui en brufque quelques-unes ; la tactique des partis pour prévaloir ; les combinaifons pour faire adopter les preftiges de l'art oratoire , &c.

appliquer la Loi , de parcourir une longue fuite de raifonnemeats , & de fuivre , dans tous fes replis , la chicane , qui , jufqu'à préfent , a déshonoré notre Barreau.

Il me femble qu'une Loi ne vaut rien & ne devroit pas fervir à juger les cas auxquels on veut en faire l'application , lorfque ce n'eft qu'à force d'argument qu'on peut parvenir à lui donner les rapports qu'on ne trouve pas clairement énoncés dans le texte.

Je voudrois que , dans tous ces cas , il fût défendu aux Juges de paffer outre , & qu'ils fuffent contraints de fufpendre la Sentence jufqu'après la décifion de la Légiflature fur la confultation du Tribunal.

Mais , tant que ces fages précautions ne leur feront pas prefcrites , je ne crains pas de prédire que les Jugements feront au moins hazardés dans tous les cas dont il s'agit ; qu'ils feront fouvent arbitraires , & quelquefois même entachés de partialité.

Je ne voudrois donc pas non plus qu'il fût permis à un Plaideur de prétendre expliquer la Loi , par la convenance qu'il y a eu que la Loi a dû s'exprimer dans fon fens ; car la probabilité de l'intention des Légiflateurs , quelque grande qu'elle foit , ne fera jamais

la

la preuve de cette intention ; & quand une
Loi ne dit pas expreſſément une choſe , on
a mauvaiſe grace, à mon avis , d'argumenter
contre ſon inſuffiſance, en ſoutenant que ,
quoique la Loi n'ait pas dit *cette choſe-là* ,
c'étoit pourtant *cette choſe-là* qu'elle vouloit
dire.

Ces fils légers & fragiles pouvoient peut-
être autrefois ſervir à ſortir de l'ancien dé-
dale de notre ténébreuſe juriſprudence, lorſque
les oracles de la juſtice ſe compoſoient dans
les atteliers ſouterrains du Conſeil. On ne
connoiſſoit alors de la volonté du Légiſla-
teur que ce qu'il en avoit exprimé dans les
termes de ſes Edits.

Mais aujourd'hui que la publicité des diſ-
difcuſſions éclaire ſur le motif des Loix &
ſur l'intention des Légiſlateurs , ce ſeroit un
grand abus que celui qui autoriſeroit à de-
viner, au travers des doutes & de l'indéciſion
du texte, la volonté préſumée de ceux qui
le rédigerent. (1)

_____

(1) C'eſt ainſi , par exemple , qu'on ſait que le
Décret du 4 Janvier n'a d'effet que ſur les ſucceſſions
qui s'ouvriront par la ſuite , puiſque dans la diſcuſſion
quelques Membres ayant propoſé de l'appliquer à
celles-là même qui avoient été ouvertes depuis le **15**

Encore ne faudroit-il permettre cette reffource que dans les cas où cette volonté
feroit le réfultat des débats & des difcuffions

Avril 1791, la Convention rejetta cette propofition,
qui eût fait rétrograder la Loi.

Mais une chofe qui n'eft pas auffi claire, c'eft la
fixation précife de l'époque à laquelle le Décret devra
avoir fon effet dans un point quelconque de la Ré-
publique. Les uns prétendent que ce ne fera qu'au moment de fa publication. Ils s'appuient fur ce prin-
cipe, que nul ne doit être foumis à une Loi que
quand elle lui a été notifiée ; enfuite ils obfervent
que quand les Légiflateurs veulent qu'il en foit autrement, ils ont foin de l'exprimer dans la Loi même,
ainfi qu'il fe voit au Décret du 10 Mars 1790.

Je penfe, moi, que le Décret du 4 Janvier doit
avoir fon effet du moment même où il a été porté,
& je me fonde fur le texte, qui prononce que les
exceptions *font abolies ;* mais il eût été bien mieux
que le Décret nous eût difpenfé de raifonner pour
le favoir, & qu'il l'eût exprimé formellement.

En général, l'époque où chaque Décret aura force
de Loi devra être mieux déterminée qu'elle ne l'eft
ordinairement, & cette fixation doit être l'objet d'une
difcuffion particuliere au Comité de Légiflation ; car
les incertitudes, quand il s'agit de régler les intérêts privés des Citoyens, & les embarras dans une
foule d'objets d'adminiftration, rendent ce travail
très-important ; & peut-être trouvera-t-on que le mieux
feroit que chaque Loi défignât elle-même l'époque
de fon autorité.

qui précedent la formation de la Loi.

C'eſt donc conformément à ces principes, & déterminé ſur-tout par ce que j'ai vu arriver ſur ce même article de la Loi aboli par le Décret du 4 Janvier, que je demande l'interprétation de ce Décret, & je la demande relativement à l'application qu'il en faudra faire, dans la ci-devant province de Normandie, aux filles qui ſont mariées avant le Décret du 15 Avril 1791.

En effet, ſuivant la Coutume de cette Province, les filles, en ſe mariant, recevoient ordinairement leur légitime toute entiere, & cette légitime étoit ſpécifiée dans leur contrat de mariage.

Lorſque dans cet acte la clauſe de pouvoir, dans la ſuite, être admiſe à partage après la mort des parents n'étoit pas formellement exprimée, elles n'avoient aucun droit à ces ſucceſſions, & leur légitime portée au contrat de mariage étoit tout ce qu'elles pouvoient prétendre.

Maintenant que la prérogative de la Loi du 15 Avril 1791, en faveur des gens mariés, eſt abolie, & que tous les héritiers ſont appellés à partager également, les filles mariées avant la Loi, excluſes par l'ancienne Coutu-

B 2

me de toute fucceffion , & ayant déjà reçu la part qui leur revenoit , deviennent-elles , en vertu du dernier Décret , habiles à partager les fucceffions dont elles étoient exclufes à caufe de la part qu'elles y avoient prifes , fans égard aux conventions matrimoniales qui ont fixé & déterminé leur fort irrévocablement ; ou font-elles toujours exclufes de ces fucceffions ?

2° Au cas qu'elles puiffent les partager , en tenant compte , toutefois , de ce qu'elles ont déjà perçu (1) , font-elles tellement libres de prendre part à ces fucceffions ou d'y renoncer , qu'elles puiffent prendre ce dernier parti fans remettre à la fucceffion la part qu'elles en avoient déjà emportée ?

Ce font-là les deux queftions qu'on agite déjà depuis le Décret du 4 Janvier ; & s'il n'eft

---

(1) Quelques-uns foutiennent qu'elles feroient alors obligées de rapporter , non-feulement les capitaux qu'elles auroient perçu , mais encore l'intérêt de ces capitaux ; parce que , difent-ils , les freres & fœurs qui font reftés avec les parents ont travaillé en commun : ils ont fait fructifier ce qui eft refté du capital après la part prife des filles mariées. Celles-ci venant donc partager ce profit ou cet intérêt , il eft jufte que le profit ou l'intérêt de leurs capitaux foit mis de même en maffe pour être partagé en commun.

pas aifé d'imaginer tous les moyens mis en œuvre pour les foutenir, il eft toujours facile de découvrir que c'eft par l'intérêt qu'on a de donner une folution qu'ils font fuggérés.

La feconde de ces queftions n'eft pas difficile à réfoudre, fi l'on veut écouter ce que dit là-deffus la plus févere juftice ; car la Loi, en rendant à chacun des fucceffeurs un droit égal à une fucceffion, doit auffi foumettre chacun d'eux à toutes les charges éventuelles du partage.

Dans toutes les Coutumes poffibles, celui qui renonce à un partage ne doit rien retenir de la maffe qu'il ne veut point partager, & s'il a ci-devant perçu quelque chofe en avancement d'hoirie, il eft toujours tenu de le rapporter. Il n'y a donc pas de doute, quoi qu'on puiffe dire, que fi les perfonnes dont il s'agit font appellées à la fucceffion, elles font ftrictement obligées de tenir compte, avant tout, de ce qu'elles ont reçu, fauf à déclarer enfuite fi elles entendent partager ou fi elles y renoncent.

Mais, encore une fois, la Loi ne l'a pas dit, & déjà on fe prépare à fe prévaloir de fon filence : c'eft donc pour prévenir toutes ces chicanes qu'une interprétation du Décret devient néceffaire. (1)

---

(1) On ne fera pas furpris de la néceffité de cette interprétation : on le fera moins encore des difficultés qui la font folliciter, fi l'on fait toutes celles qu'avoit fait naître, à caufe de cette même Coutume, la Loi du 15 Avril 1791. En effet, lorfqu'il n'y avoit dans une famille que des freres mariés cela ne faifoit pas d'embarras ; mais quand il n'y en avoit point, ou lorfqu'après ceux déjà mariés il en reftoit encore qui ne l'étoient pas, c'étoit une grande queftion de favoir fi, après la part prife par les freres mariés, les fœurs auffi mariées devoient partager avec les freres non-mariés, ou fi elles ne le pouvoient pas.

C'eft une chofe curieufe ce que l'efprit de chicane & de cupidité a fu inventer là-deffus, tantôt pour exclure les filles mariées, & tantôt pour les admettre.

Deux petites brochures imprimées à Rouen, chez le même Libraire, fur cet objet, en font bien la preuve ; celle fur-tout, qui porte le titre de *Confultation*.

Il eft étonnant quelle reffource & quelle fécondité la logique de Procureur a déployé dans trois ou quatre feuilles, pour prouver que, par la Loi du 15 Avril, les filles mariées en Normandie devoient fuccéder avec leurs freres non-mariés.

L'autre production, mieux fondée dans fes principes & plus conféquente dans fes raifonnements, & appuyant fes affertions fur des faits, étoit infiniment plus fatisfaifante. Elle étoit du fieur Brouard.

Combien il feroit à défirer que le Décret du 4 Janvier

Mais auſſi la ſolution de cette ſeconde queſtion, ſon exiſtence même, dépend abſolument de la premiere, & il n'eſt pas auſſi aiſé de la réſoudre. En effet, en liſant dans le Décret du 4 Janvier l'abolition des exceptions en faveur des gens mariés, on ne ſait pas ſi l'abolition du point de la Coutume qui exclut les filles mariées, eſt auſſi prononcée.

Certes, ſi cette abolition n'étoit pas prononcée par ce Décret, ou ſi elle n'en eſt pas une ſuite immédiate, les filles ainſi mariées ne pourroient pas encore revenir à partage, & les raiſons de ceux qui le penſent ainſi paroiſſent fondées.

Ils obſervent d'abord que toute Coutume qui n'eſt point formellement abrogée par une Loi, ou néceſſairement détruite par de nouvelles diſpoſitions, doit continuer d'avoir ſon plein & entier effet : ils en concluent que les filles qui ſe font mariées ſous le régime de la Coutume dont il s'agit, qui ont été excluſes, non-ſeulement par cette Coutume de la ſucceſſion, mais encore formellement & expli-

---

eût coupé court à ces difficultés, ou qu'une interprétation produiſît le même avantage.

citement par les conventions contractuelles, légitimement stipulées dans leurs contrats de mariage, ayant été d'ailleurs dotées, ne peuvent plus avoir rien à prétendre en vertu des Décrets actuels dans les successions directes, sinon l'exécution de leurs contrats de mariage, avec d'autant plus de raison que cela est conforme à l'article 4 du Décret du 15 Avril 1791, qui dit positivement *que les institutions contractuelles, ou autres clauses légitiment stipulées dans les contrats de mariage, seront exécutées conformément aux anciennes Loix.*

Secondement, ils ajoutent que la Loi du 15 Avril, ne regardant que *les successions à venir* & les droits présents ou éventuels, ne peut concerner les personnes qui ont déjà pris dans les successions leur part légale, & qui n'ont au moment de la Loi aucun droit, ni actuel, ni futur, à ces successions;

Troisiémement, ils soutiennent que, non-seulement la Loi ne s'explique pas à ce sujet, mais que si elle s'étoit expliquée elle n'auroit pu rappeller à partage les filles mariées dont il s'agit, parce que c'eût été anéantir des conventions déjà faites en vertu des anciennes Loix; parce que c'eût été donner à ce

Décret

Décret une action sur des conventions déjà consommées , & , comme disent les Jurisconsultes , un effet rétroactif ; ce qui, en matiere de légiflation , eft inadmiffible.

Enfuite, pour confirmer cette obfervation, par l'opinion même de l'Affemblée Conftituante , ils citent les débats de cette Affemblée , lors de la difcuffion de la Loi , &. l'ordre du jour qu'elle adopta , d'après la motion du Citoyen Buzot , fur un article que le Rapporteur propofoit , à l'effet de rappeller aux partages des fucceffions directes les filles mariées , nonobftant leurs contrats de mariage , qui les en excluoient formellement au moyen de la dot qui leur avoit été conftituée. Or, Buzot demandoit la rejection de cet article , uniquement parce que, s'il avoit été adopté , les filles mariées en Normandie, & déjà pourvues de leur légitime , auroient eu le droit de revenir à partage , ce que l'Affemblée ne voulut pas admettre en rejettant l'article ; & cela eft fi vrai que , fi l'intention de l'Affemblée eût été de les rappeller à partage , elle eût déterminé le mode du rapport qu'elles auroient eu à faire , & dont elle n'a pas dit un feul mot.

C

Enfin , difent-ils , par les anciennes Loix
la légitime de la fille étoit à l'abri de toutes
les caufes éventuelles qui pouvoient altérer
la fucceffion de fes parents, & fes freres, par
la ruine du pere , pouvoient , à fa mort, n'a-
voir à recueillir que des dertes , tandis que
la fille mariée remportoit fa part , que les
Loix avoient fauvée ; en forte que le main-
tien de l'ancienne Coutume leur eft encore
favorable en cela , & qu'au furplus il laif-
feroit toujours leur fort dans le même état
où il avoit été fixé par les Loix antérieu-
res. (1)

D'une autre part , les amis ardents de
l'opinion contraire font tous leurs efforts
pour perfuader que le Décret du 4 Janvier eft bien fuffifant pour rappeller à partage les filles qu'une vieille Coutume avoit
repouffées ; il leur tarde de voir enfin tous
les enfants de la même famille , mariés &
non mariés, rappellés dans la maifon paternelle

—————————————

(1) Cette opinion a été confacrée par un Jugement
rendu par le Tribunal du Diſtrict de Louviers , Départe-
tement de l'Eure , qui déboute la fille mariée de fa demande en partage , & la condamne aux dépens.

à la voix de l'égalité primitive, pour abjurer en freres ces diftinctions de la barbarie & de l'orgueil, & pour ne remporter des biens patrimoniaux que des portions parfaitement égales, gage inviolable & facré de l'égalité native de leurs droits.

Mais, en lifant le texte du Décret du 4 Janvier, on n'y trouve la preuve d'aucune de ces deux opinions. Son but a été uniquement d'abroger les exceptions contenues dans les Loix des mois de Mars 1790 & Avril 1791 en faveur des perfonnes mariées ou veufs ayant enfants ; mais il n'a aucun rapport aux filles mariées non réfervées.

Certes, fi j'avois voulu me permettre de difcuter les Décrets, j'aurois bien eu auffi mon avis fur toutes ces difficultés ; car où eft l'homme qui ne s'en fait pas bientôt un fur une queftion qui l'occupe. Mais j'ai toujours été perfuadé que tous les commentaires fur les Loix en étoient le poifon le plus actif, & que, pour éviter les erreurs, il falloit foigneufement fe donner de garde de toutes ces conféquences éloignées, de toute cette fubtilité de dialectique qui a fait fi long-temps l'étude meurtriere des Hommes de Loi & le défefpoir de la bonne foi & de la loyauté.

En conféquence, & ne voulant point m'ériger en commentateur de vos Loix , j'en demande à fes organes légitimes l'interprétation claire & précife ; je la demande au nom du bon ordre , de la paix & de l'union des familles , dont elles ne peuvent jouir fi leurs droits refpectifs font équivoques & abandonnés à l'arbitraire.

Signé DUVRAC.

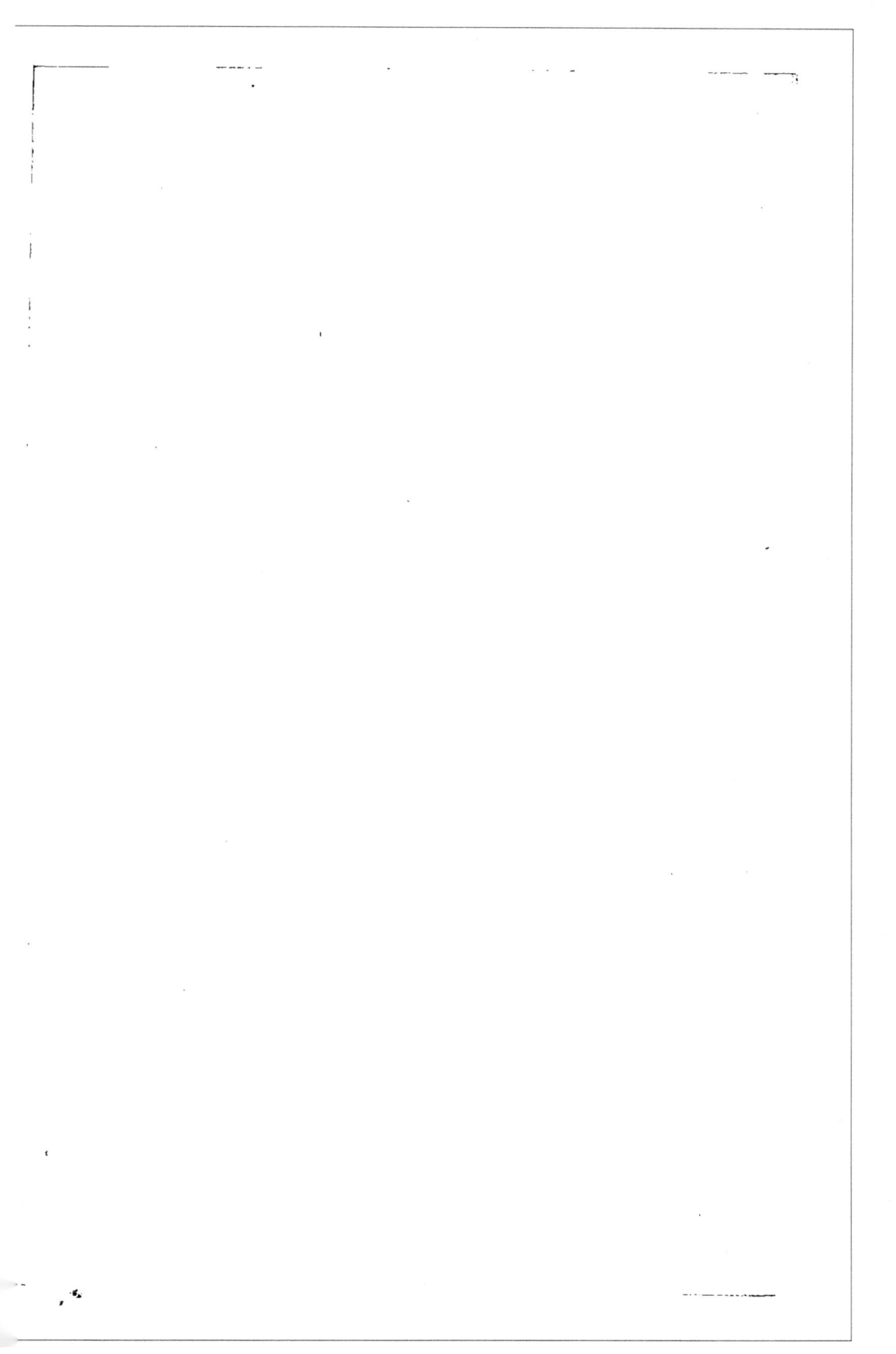

www.ingramcontent.com/pod-product-compliance
Lightning Source LLC
Chambersburg PA
CBHW070755280326
41934CB00011B/2935